Für Bine

Igor der Klavierspieler

Igor der Klavierspieler
Mariana Fedorova

Anderland Verlag

"Du mußt dir den Wunsch erfüllen oder ihn aufgeben, denn sonst bleibst du immer traurig", sagte der "Alle-Wünsche-erfüllende-Zwerg".

Natürlich war es an einem besonderen Tag, als der Igel Igor dem "Alle–Wünsche–erfüllenden–Zwerg" begegnete. Denn nur an einem solchen Tag kann man ihm begegnen, und auf der anderen Seite ist es ein besonderer Tag, wenn man den "Alle–Wünsche–erfüllenden–Zwerg" trifft. Ein solcher Tag ist ein klein wenig anders als ein normaler Tag. Alles ist ein bißchen mehr, aber nur ein wenig. Die

Sonne scheint ein bißchen heller, die Wolken am Himmel laufen ein bißchen schneller, und auch die Luft flimmert ein bißchen. Und gerade so ein Tag war es, als Igor, der Igel, im Wald zwischen den Blumen und Gräsern spazierenging. Dabei dachte er an das, woran er beim Spazieren immer dachte: wie schön es wäre, ein kleines Klavier zu haben. Denn seit Igor sich überhaupt etwas wünschen konnte, hatte er nur den einen und

einzigen Wunsch: ein kleines schwarzes Klavier. Dieser Wunsch war auch der Grund, warum er dem "Alle – Wünsche – erfüllenden – Zwerg" begegnete. Denn der Zwerg erscheint nur denen, die Wünsche haben, die sie sich selber nicht erfüllen können und die sie deshalb für unerfüllbar halten.
Nun stand Igor also vor dem "Alle – Wünsche – erfüllenden – Zwerg". Ihr wollt sicher gern wissen, wie er aussah.

Ob er eine spitze blaue Zaubermütze anhatte oder eine Seidenmütze mit silbernen Sternen? Und ob er ein Mäntelchen aus Samt trug und grüne Stiefelchen mit Schleifen? Das darf ich nicht verraten. Doch seid sicher: wenn ihr ihm einmal begegnet, dann werdet ihr gleich erkennen, daß er es ist. Denn er stellt immer die gleiche Frage:
"Was wünschst du dir von mir?"
Das fragte er auch den Igel Igor.

"Ich wünsche mir etwas, was es nicht gibt", sagte Igor traurig.
"Für mich gibt es nichts, was es nicht gibt."
"Aber es gibt nur große echte Klaviere oder kleine Spielzeugklaviere. Und ich wünsche mir ein echtes kleines Klavier, auf dem ich richtig spielen kann."
"Du mußt dir den Wunsch erfüllen oder ihn aufgeben, denn sonst bleibst du immer traurig", sagte der "Alle – Wünsche – erfüllende – Zwerg".

"Ich kann es nicht, aber ich würde so gern Klavier spielen". Igor kämpfte mit den Tränen.
"Also zu weinen brauchst du deswegen nicht, denn du bist mir nicht umsonst begegnet. Du siehst doch, daß ich der "Alle – Wünsche – erfüllende – Zwerg" bin. Dann fragte er ihn zum zweiten Mal: "Was wünschst du dir von mir?"
"Ich wünsche mir ein echtes kleines schwarzes Klavier", sagte Igor feierlich.

Und dann fügte er noch leise hinzu:
"Für mich".
"Das ist leicht, aber du brauchst einen
geschützten Platz für dein Klavier.
Wenn es regnet, wird es ganz naß",
sagte der Zwerg.
Igor wurde nachdenklich. "Da hast
du wohl recht".
"Komm, wir suchen gemeinsam einen
Platz", ermunterte ihn der Zwerg. Sie
gingen durch den Wald und suchten nach

einer geeigneten Stelle. Es war gar nicht so leicht, eine zu finden. In der dichten Hecke war es zu dornig. Der hohle Pilz war zu klein. Unter dem großen Blatt war es zu windig. Am Baumstumpf war es zu ungemütlich. Ja, es sah so aus, als ob sie gar keinen Platz finden könnten, bis sie an einen gemütlichen grauen Stein kamen und dort eine kleine Felshöhle entdeckten.
"Ja, hier würde es mir gut gefallen", rief der Igel Igor.

Sie spähten in die kleine Felshöhle hinein
und waren überrascht, wie gemütlich
und hübsch und geräumig es drinnen
war. Die kleine Felshöhle war ganz leer.
"Hier fehlt wirklich nur ein kleines
schwarzes Klavier für Igor den
Klavierspieler", sagte lustig der
"Alle – Wünsche – erfüllende – Zwerg"
und schien bester Stimmung zu sein.
"Also nichts wie ran ans Zaubern. Du
mußt dir nur die Augen zuhalten, Igor,

denn eigentlich darfst du beim Zaubern nicht zuschauen."
Und Igor hielt sich brav mit seinen beiden winzigen Igelpfoten die Augen zu. Der "Alle – Wünsche – erfüllende – Zwerg" zwinkerte dreimal mit den Augen, murmelte den "Kleines – schwarzes – Klavier – Zauberspruch", den nur wenige kennen und der natürlich auch nicht verraten werden darf, und dann sagte er: "Igor, Augen auf."

Und als Igor die Augen öffnete, sah er ein wunderschönes kleines schwarzes Klavier, so richtig für ihn. Er konnte fast nicht glauben, daß es wahr war, und so ging er hin und berührte das Klavier behutsam.
"Du wirst doch wohl nicht glauben, daß das Klavier, das ich hergezaubert habe, nicht vorhanden ist."
"Nein, jetzt habe ich keine Zweifel mehr", sagte Igor andächtig.

"Ich bin so glücklich, so überglücklich."
"Dann habe ich das, was ich wollte, erreicht", meinte der "Alle–Wünsche–erfüllende–Zwerg". "Du bist glücklich, weil du dein Klavier bekommen hast, und ich bin glücklich, weil ich dich glücklich gemacht habe."
Beim Zaubern muß nämlich das Glück immer auf beiden Seiten sein, sonst ist es kein rechtes Zaubern.
"Du hast wunderbar gezaubert: es ist

genau so ein kleines schwarzes Klavier, wie ich es mir schon immer gewünscht habe. Ist es denn wirklich für mich?"
"Ich werde dir sogar noch etwas Schönes dazu schenken", erwiderte darauf der Zwerg geheimnisvoll.
Igor der Igel schaute ihn fragend an, denn er konnte sich gar nicht ausmalen, was ihm noch zu seinem großen Glück fehlte, da er doch jetzt sein kleines schwarzes Klavier hatte. Aber der

"Alle – Wünsche – erfüllende – Zwerg"
berührte Igor ganz sanft und murmelte
den hochwirksamen "Virtuosen –
Zauberspruch". Da spürte der Igel ein
Kribbeln in den Pfoten und wußte, daß er
nun alles spielen konnte, was er wollte.
Er war zu Igor dem Klavierspieler
geworden. Der hochwirksame
"Virtuosen – Zauberspruch" kann
leider auch nicht verraten werden. Sonst
könnte ja jeder einfach so, ohne zu üben,

wunderschön Klavier spielen. Und das
ginge nun doch nicht, meint der
"Alle – Wünsche – erfüllende – Zwerg".
Igor setzte sich sogleich ans Klavier und
spielte für den "Alle – Wünsche –
erfüllenden – Zwerg" eine Klaviersonate.
Er spielte so meisterhaft, daß der
"Alle – Wünsche – erfüllende – Zwerg"
vor Begeisterung versprach, zum
Zuhören zu kommen, sooft es ihm das
Wünsche – Erfüllen erlaube. Von nun an

erklang jeden Tag wunderschöne Klaviermusik aus dem gemütlichen grauen Stein. Igor der Klavierspieler spielte stundenlang herrliche Klaviermusik. Und wenn der "Alle – Wünsche – erfüllende – Zwerg" dabei war und zuhörte, konnte es passieren, daß er begeistert dazwischenrief: "Märchenhaft","Traumhaft", "Feenhaft". Manchmal gingen Igor der Klavierspieler und der "Alle – Wünsche – erfüllende – Zwerg" danach im Wald zwischen den Blumen und

Gräsern spazieren, die Sonne schien ein
bißchen heller, die Wolken liefen am
Himmel ein bißchen schneller, und
auch die Luft flimmerte ein bißchen,
denn es war ein besonderer Tag...

"**Du bist glücklich, weil du dein Klavier bekommen hast und ich bin glücklich, weil ich dich glücklich gemacht habe."**

Anderland Verlagsgesellschaft mbH
München 1992
ISBN 3-926220-46-5
Text und Bilder Mariana Fedorova
Foto Jacques Alliod
Gestaltung Andreas Rumland
Gesamtherstellung
Anderland Verlagsgesellschaft mbH
München / Maising

Mariana Fedorova studierte Malerei bei K.R.H. Sonderborg und arbeitet heute als freischaffende Malerin und Autorin

**Weitere Bücher von Mariana Fedorova
im Anderland Verlag**

Mausine, Hermine und Mausian
ISBN 3-926220-42-2

Die Fliege Mitza und der Flieger Moritz
ISBN 3-926220-47-3

**Das Geheimnis oder
das Märchen vom fliegenden Zauberfisch**
ISBN 3-926220-40-6